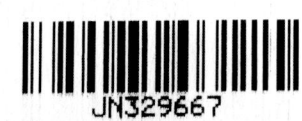

目でみることば

おかべたかし・文
山出高士・写真

東京書籍

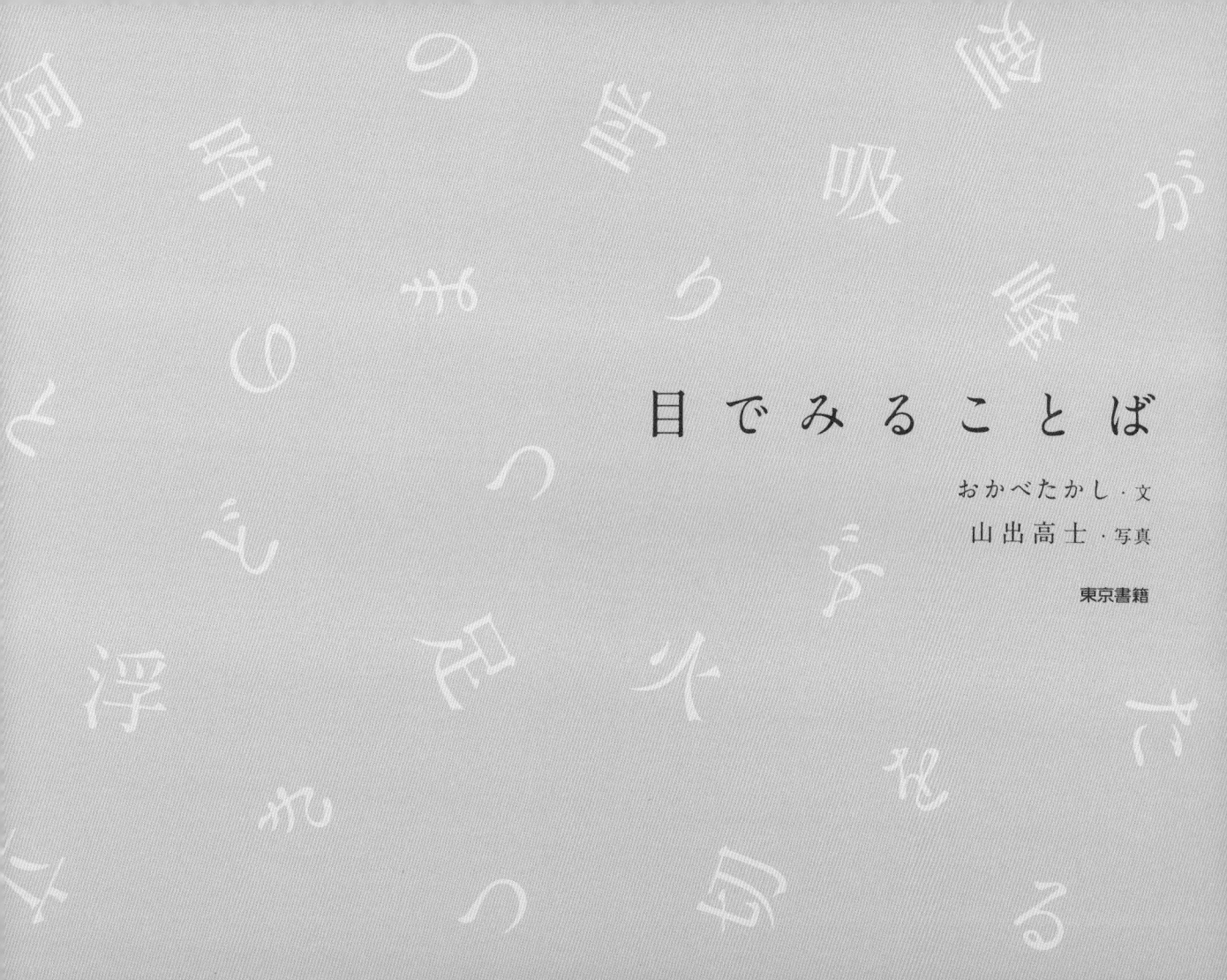

はじめに

日々のニュースでは、「試金石」「天王山」「分水嶺」といった言葉をしばしば耳にしますが、私はこの目でその姿を見たことがありませんでした。想像するに、本来のそれらは石であって、山であって、嶺であるのかなと思わせますが、その正確な姿はよくわからない。辞書で調べると、その姿を想像させる記述はあるものの、そのモノの写真はない。

ならば、実際にその言葉の由来となったものを見て、それを写真に撮って紹介してみようというのが、本書を作成する動機となりました。

本書では40の言葉を紹介しています。

ひとつの言葉に対してまずその元となった姿を紹介し、ページをめくったところに詳しい解説と、関連する情報を掲載しています。

なお、言葉の由来には、様々な説が存在しているケースが多々あります。そのすべてに言及していては本書の性格も変わってしまうので、巻末で紹介しているような文献を参考にさせていただき、そこから姿をひとつに絞って紹介していることをお断りしておきます。

原稿はおかべたかしが担当し、写真は山出高士が担当しました。

「よむ」ばかりだった言葉の姿を、写真で「みる」ことによって新たなる発見をお届けできればと願っています。

――― おかべたかし

もくじ

Part.2 か行 さ行

Part.3 た行 は行 ま行 ら行

装丁&本文デザイン／佐藤美幸（keekuu design labo）　カバ　&本文写真／山出高士

Part.1 あ行

阿吽の呼吸

【あうんのこきゅう】

意味　二人の行動や気持ちが
ぴったりと合っている様

阿（あ）と吽（うん）の二語は、仏教で用いられる梵語において、それぞれ口を開いて出す最初の音と口を閉じて出す最後の音であるため、万物の初めと終わりを象徴するものとされてきた。これが仁王や狛犬など対で存在する仏教的な像にも反映されて、その二体の口は阿と吽の口の形をするようになった。ここから「阿吽の呼吸」といえば、二人の息がぴったり合っている様を意味するのである。

シーサーも
阿吽の呼吸。

沖縄の守り神として有名なシーサーも阿吽の口の形をしている。なお、阿の口をしているのを阿形（あぎょう）、吽の口をしているのを吽形（うんぎょう）と呼び、向かって右側に阿形を、向かって左側に吽形を置くのが決まりである。

阿漕

【あこぎ】

意味

ずうずうしいこと。
義理人情に欠けあくどいこと

「阿漕な商売」などと用いられる阿漕とは、三重県津市にある阿漕ヶ浦のことを指す。ここは、伊勢神宮に供える魚を獲るための漁場であり、一般には禁漁区。しかし、ここで密猟を行なう者が絶えなかったことから、あくどい商売をする者をこの地の名前をとって呼ぶようになった。言葉のイメージとは異なり、実際の阿漕は美しく穏やかなところである。

阿漕は静かな
駅でした。

阿漕ヶ浦の最寄り駅であるＪＲ阿漕駅は紀勢本線の小さな無人駅。１両編成のディーゼル車両が１時間に数本しか来ない静かなところでした。

頭隠して尻隠さず

【あたまかくしてしりかくさず】

意味　悪事や欠点を隠したつもりでも、
その一部が露見していること

「頭隠して尻隠さず」の語源となったのは、日本の国鳥である雉（きじ）。雉は、臆病なうえ飛ぶのが苦手で、危機を察すると草むらなどに隠れる。しかし、首さえ隠せば、尾っぽが丸見えでも隠れた気になっている様からこの言葉が生まれた。『古事記』、また昔話の『桃太郎』などにも登場するように、雉は古くから我が国で親しまれており、これ以外にも「ケーン」と「ほろろ」というその鳴き声から「けんもほろろ」（人の頼み事をとりつくしまもなく拒絶する様）という言葉の語源になったという説もある。

国鳥の雉は
食べても美味しい。

1947年に雉が日本の国鳥に指定されたのは、その認知度だけでなく、食べて美味しいという理由もあった。国鳥が、捕食可能であることは世界的に見ても大変珍しい事例である。

急がば回れ

【いそがばまわれ】

意味
危険な早道より遠回りでも
安全な道を行ったほうが
結果的には早く着くという教え

「急がば回れ」とは、室町時代の「もののふの 矢橋（やばせ）の船は速けれど 急がば回れ瀬田の長橋」という歌から生まれた言葉。「もののふ」とは武士のこと。「矢橋の船」とは、東海道五十三次の宿場町である草津宿から大津宿まで琵琶湖上をつなぐ「矢橋の渡し」のことを指す。この船を使ったほうが次の宿場町に早く着けるが、比叡山から吹き下ろす強風によって船が欠航したり難破したりすることも多かった。それゆえ多少遠回りになっても、琵琶湖の南方にある「瀬田の長橋」、つまり現在の瀬田の唐橋を渡った方が早いと諭している。写真は、その瀬田の唐橋。

遊覧船からも見物できます。

日本三名橋のひとつに数えられる瀬田の唐橋は、「瀬田川・琵琶湖クルーズ」という遊覧船から見ることもできる。「一番丸」と名付けられた外輪汽船が唐橋をくぐる姿は、なかなか趣きがある。

いたちごっこ

【いたちごっこ】

意味　同じことの繰り返しで
進展のないこと

「いたちごっこ」とは、もともと相手の手の甲を「いたちごっこ」「ねずみごっこ」と言いながらつねっては、手を上に重ねていく子どもの手遊び。これは「つねる＆重ねる」を繰り返すだけで終わりがないことから、同じことの繰り返しで進展のないことを意味するようになった。

ベーゴマの「ベー」は貝《ばい》のこと。

子どもの遊びに関することばで面白い由来をもつのがベーゴマ。この「ベー」とは貝（バイ）のことで、「貝独楽」（バイゴマ）から転じた。もともとは、バイ貝の殻を加工して、コマにして回していたという。

浮き足立つ

【うきあしだつ】

意味　不安や期待で落ち着きがなくなる状態

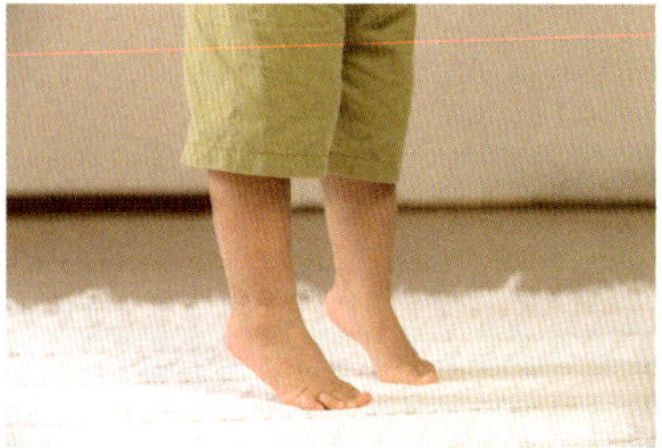

「浮き足」とは、つま先だけが地面について、足が充分に地面についていない状態。こうなるとしっかり立っていられず不安定になることから、「浮き足立つ」といえば、「不安や期待でそわそわした状態」を意味するようになった。

「地に足が着く」か「足が地に着く」？

足から連想される言葉として「地に足が着く」という言葉が思い浮かぶ人もいるだろう。しかし、実際は「足が地に着く」が正しく、もっといえば辞書には「足が地に着かない」という否定形で紹介されていることが多い。意味は「気持ちが高ぶって落ち着かない」と、浮き足立つに近いものだ。

うだつが上がらない

【うだつがあがらない】

意味　生活や地位が向上しない様

「うだつ」とは、日本家屋の屋根に取りつけられる小柱（壁）のこと。本来は火災による類焼を防ぐための防火壁であったが、次第に装飾の意味合いが強くなった。このうだつを上げるのには、相当の費用がかかるため、これを造れない家は生活の苦しさを暗示することにつながり、「うだつが上がらない」＝「生活が苦しい」という意味として用いられるようになった。写真は「うだつ」があるため、正確には「うだつが上がっている」様である。うだつは、本来「梲」と書いたが、「卯建」などの字が当てられることもある。

うだつの上がる
町並み。

撮影したうだつは岐阜県美濃市のもの。「うだつの上がる町並み」というフレーズで地域PRをしている同地には、うだつが上がった公衆トイレや「うだつくん」というゆるキャラもありました。

独活の大木

【うどのたいぼく】

意味　体ばかり大きくて
役に立たないこと

ウコギ科の多年草である独活は、成長するとその茎の長さが2メートルを超える。しかし、木でなく草であり、芯が抜けて材木はもちろん薪(まき)にもならないことから、体ばかり大きくて役に立たない人のことを「独活の大木」と言うようになった。山地に自生するが食用として栽培もされており、その栽培が始まったのが東京の武蔵野であるため、東京特産の野菜として名高い。

独活はあっという間に燃え尽きる。

「独活の大木薪にならず、山椒は小粒でぴりぴりと辛い」という表現もあるように、独活が役立たずと思われるのは、材木としてはもちろん、燃料としての薪にもならないことに依るようだ。事実、この農園（撮影協力いただいた「山下農園」）一面のうども、必要となる根を収穫したあとに葉や茎を山のように積んで燃やすそうだが、ほんの十数分で燃え尽きるという。

瓜二つ

【うりふたつ】

意味　二者がそっくりな様子

二者がそっくりであることを意味する「瓜二つ」は、瓜を二つに切ったとき、その左右がとても似ていることに由来する。ただ、写真は実際に切ってみたキュウリだが、「似ているといえば似ているけれど……」という程度かもしれない。

ハヤトウリは
種が一つ。

キュウリ（胡瓜）もカボチャ（南瓜）もゴーヤ（苦瓜）も種がたくさんあるが、ハヤトウリは種がひとつの瓜。切ったところ、なかなかの瓜二つぶりでした。

おしどり夫婦

【おしどりふうふ】

意味　仲がとてもよい夫婦。
男女の仲がむつまじい様

仲が良い夫婦を表す言葉のもととなっているおしどりだが、それは繁殖期だけのことで、本当はそれほど仲良しというわけではないという。漢字では「鴛鴦」と書き、雄を表す「鴛」を「えん」、雌を表す「鴦」を「おう」と読むことから、同じ意味で「鴛鴦の契り」（えんおうのちぎり）と表現したりもする。

奥さんが控え目の夫婦？

モデルは井の頭自然文化園のおしどりさん。色が派手なのが雄なので、夫を立てて、奥さんが控え目の夫婦に見えるのです。

折り紙付き

【おりがみつき】

意味　品質などが保証付きであること。たしかであること

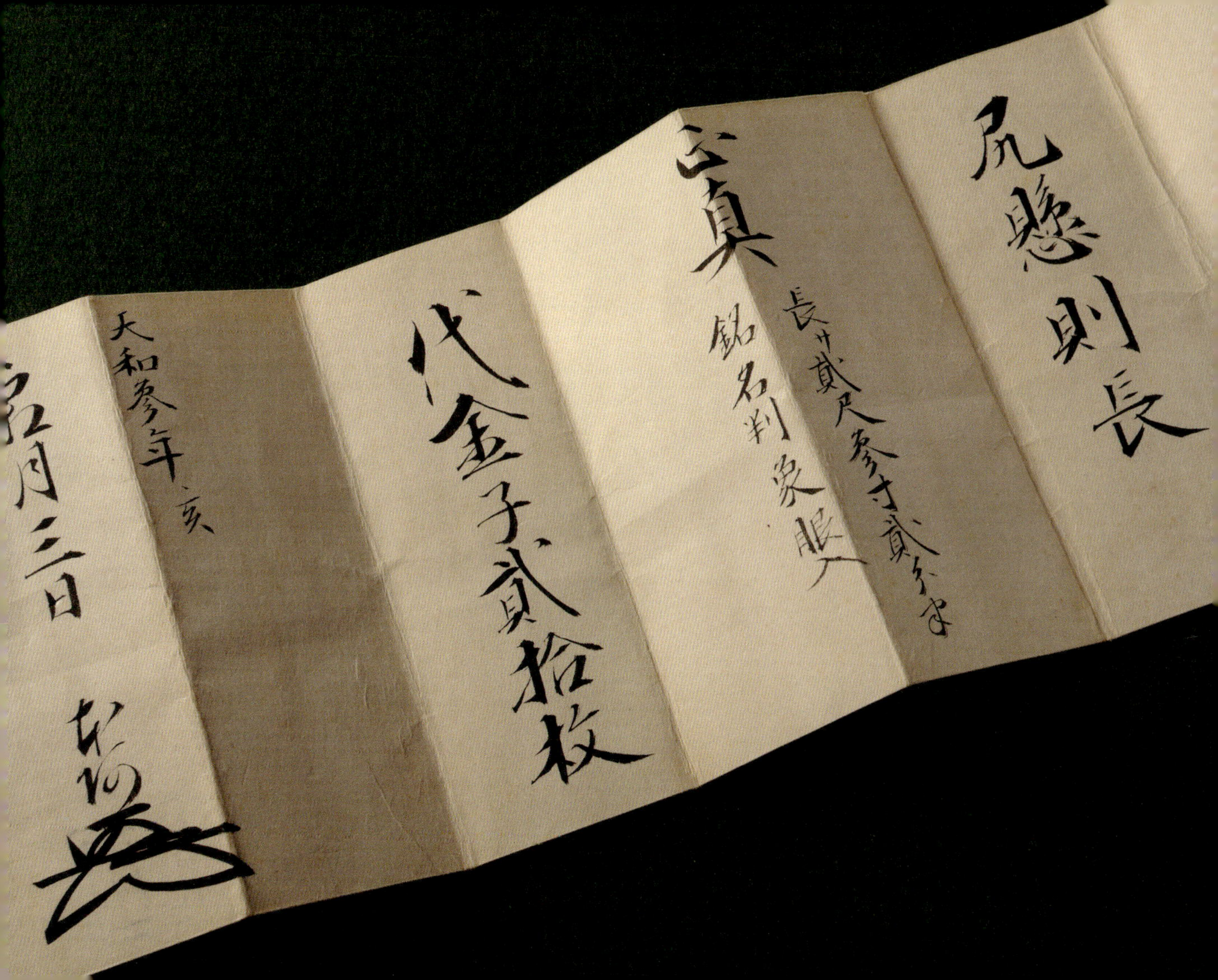

尻懸則長
正真
長サ貳尺參寸貳分半
銘名判象眼
代金子貳拾枚
天和參年亥
二月三日
本阿

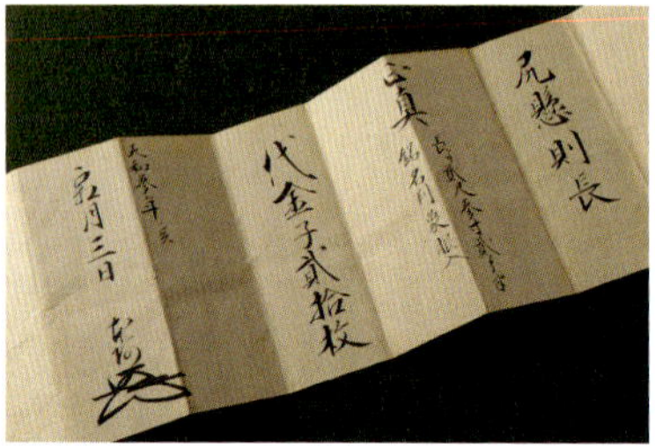

「折り紙」とは、刀や書画の価値を保証する鑑定書のことで、「折り紙付き」と表現することで「品質が保証されたもの」という意味で用いられる。写真の折り紙は、刀に付けられたもので、いちばん右に記された「尻懸則長」（しっかけのりなが）とは、この刀を作ったであろう人の名前。その他、刀の長さやその金銭的価値などが記されている。

折り紙付きの名刀は
数千万円。

前ページの「折り紙」が付いた刀は、刀剣博物館に所蔵されているもの。鎌倉時代に作られた名刀で、現在の価値で数千万円だという。なお、数々の名刀が所蔵されている刀剣博物館であっても折り紙が付いている刀は全体の数パーセントにしか過ぎず、「折り紙付き」という言葉が意味するところは実に的確なのだ。

コラム 01

語源は昔を想像するヒント

本書の執筆中「語源は昔の人の生活を想像するヒントだ」とよく思いました。

「灯台下暗し」という言葉を聞くと、現代の人の多くは、海にある灯台を想像します。しかし、昔の人の暮らしを思い浮かべれば、灯台という言葉が表すものは、室内にあるそれのほうが身近だなと納得がいきます。

本書では取り上げませんでしたが、「雁字搦め」「雁首を揃える」「雁もどき」など「雁」が語源となっている言葉がたくさんあります。雁（ガン）とはカモ目の鳥のうち大型水鳥の総称で、今の私たちの生活周辺にはあまり存在しませんが、かつては人間と近い距離にたくさんいたのだなと、その言葉の多さから感じることができます。

「瓜二つ」など瓜を語源にした言葉はありますが、トマトから生まれた日本語はありません。今の生活では、トマトのほうが瓜よりも身近でしょうが、昔の人の生活では逆だった。こんなことも、語源から想像できるのです。

（おかべたかし）

Part.2 か行 さ行

几帳面

【きちょうめん】

意味　すみずみまで気を配って
きちんとしている様

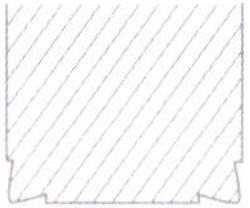

図1

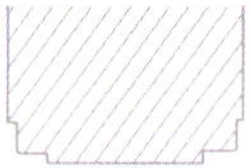

図2

几帳面とは、神社仏閣などの歴史的建造物の角柱などに多く用いられる加工法。その造り方は、図1・図2のように二通りありどちらも几帳面とされる。この技法が使えるのは、生真面目できちんとした性格の人だけのため、几帳面という言葉がそのような意味をもつようになった。

歴史的建造物で探してみよう。

几帳面は、なかなか一般住宅の柱などに見ることはできないが、歴史的建造物に在るケースが多い。今回、几帳面を見たのは、寺社にあった水盤舎（手水を使う手水舎）の柱だったが、普段あまりじっくり見る機会のない門などに目を向けるなど、几帳面を探してみるのも面白いですよ。

金字塔

【きんじとう】

意味　後世に残る偉大な業績のこと

金字塔とは、横から見るとその形が「金」の字に似ていることからピラミッドを指す言葉。ピラミッドは、古代エジプトでは王の墓に用いられるなど、王や神の偉大さを象徴する建造物ゆえ、金字塔という言葉も「後世に残る偉大な業績」という意味をもつ。

日本最大のピラミッドは岐阜県にある。

写真は、岐阜県の恵那峡近くにある石のテーマパーク「博石館」にある日本最大のピラミッド。その大きさは世界最大のクフ王のピラミッドの10分の1で、高さは14.6メートル。内部は本格的な迷路になっています。

くわばらくわばら

【くわばらくわばら】

意味

雷が鳴っているときに、
自分の所に落雷しないよう
唱えるまじない

西福寺と雷井戸
境内には重源上人のお墓があります。
かつて奈良時代にここ桑原にあったとされる仏性寺で
が雷封じのために大般若経を写経したという記述が
普賢寺に現存する国重要文化財「大般若経」「天平宝
にあることから雷封じの所縁の地である
す。
（江戸時代）によると、昔境内の井戸に雷が
が井戸に蓋をして雷を閉じ込めました。
は苦しみもがいて、許しをこいました。
らは、「ここは桑原という所だ。今後こ
と誓うなら許してやろう。」といい、
を取って逃がしてやりました。それ
らないといわれています。
クワバラ、クワバラ」というのは
雷井戸
明治廿九年四月建之

大阪にある「西福寺」には「雷井戸」というものがあり、そこには「くわばら」の語源についてこのように説明がなされている。昔、この井戸に雷が落ちたとき、村人が井戸に蓋をして雷を閉じ込めた。逃げ場をなくした雷が許しを乞うたので、村人は「ここは桑原という所だ。今後、この地には絶対に落ちないと誓うなら許してやろう」と言い渡し、これ以降この地には雷が落ちていない。雷が鳴っていると「くわばらくわばら」と言うのはこのためである、と。つまり、「くわばら」というまじないは、雷に向かって「ここはくわばらですよ」と言っているわけだ。

桑原は
菅原道真の領地？

「くわばら＝桑原」というのが、菅原道真の領地であるという説もある。菅原道真は、九州の太宰府に左遷されて悲運な死を遂げる。その死後、京都に落雷騒ぎが相次いだとき、人々は道真が雷神になったと恐れ、彼の所領地である桑原の名前を呪文のように唱えたというのだ。事実、菅原道真に縁のある京都や福岡には現在も桑原の地名が各所にある。写真は、京都市にある桑原橋。

剣が峰

【けんがみね】

意味　ぎりぎりの状態のこと。
成否が決まる瀬戸際

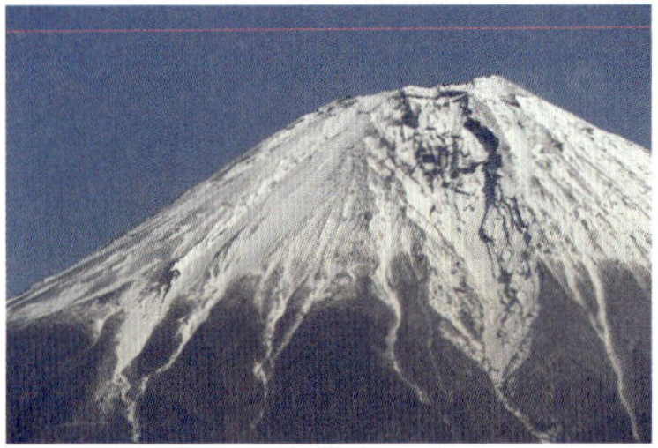

「剣が峰」とはもともと火山の噴火口の周縁、とくに富士山のものを指す言葉。ここに足が掛かると、後がないことから、ぎりぎりの状態を指すようになった。なお、相撲における土俵の俵も、同じようにここに足が掛かると後がないことから「剣が峰」と呼ぶ。

田貫湖から眺める逆さ富士。

写真の富士山は、静岡県富士宮市にある田貫湖から撮影したもの。同地は、きれいな逆さ富士が撮れる撮影スポットとして名高い。

互角

【ごかく】

意味　両者の力が拮抗していること

互角とは、双方に伸びた牛の角が同じ長さであるように、両者の力が拮抗していることを意味する。シカやヤギの角を見ても、双方に伸びるそれは同じ長さのようにも見えるが、もともと「牛角」と書かれていたのが「互角」と変化した経緯があり、まさに牛の角こそが語源なのだ。なお『平家物語』には、仏教における法と国家の法が並存することで社会が安定するという意味の「仏法王法牛角也」という記述が見られる。

角が生えた牛は、珍しい。

肉牛も乳牛も、その多くは飼育時の安全性を考慮して角が切られている。しかし、上野動物園にいる見島牛の初春くんは、ご覧のようにとても立派な角を持っている。見島とは山口県の日本海側にある島で、ここで飼育されている使役牛が見島牛だという。

コロンブスの卵

【ころんぶすのたまご】

意味

簡単そうに見えることでも
最初にやるのは難しいという例え

1492年、新大陸を発見したコロンブスを讃える式典で、「船を西に進めれば誰でも発見できたのだ」とその功績にケチをつける者がいた。そこでコロンブスは「この卵をテーブルに立ててみてください」と言い、誰もが失敗した後、卵を叩きつけ立ててみせ「どんなことでも最初にやるのは難しいのだ」と言ったという。この逸話から生まれた故事が、この「コロンブスの卵」であるが、実際にあったかどうかは議論が分かれるところ。やってみると見事に立った。

なぜか言葉に用いられる弁慶。

日本において「コロンブスの卵」は広く知れわたった、西洋の人名を冠する故事のひとつだろう。日本の人名を冠した故事でいえば、もっともポピュラーなのは脚の脛（すね）を言い表す「弁慶の泣き所」だろうか。古くから豪傑の代名詞として名高い弁慶は、その他「立ち往生」や「内弁慶」などの語源にもなっている。

差し金

【さしがね】

意味　陰から人を操ること

差し金とは、もともと文楽の「人形を操るために手や指に付ける鉄の棒」や歌舞伎で「先端に蝶や小鳥などを付けた黒塗りの細い竿」を指す言葉。どちらも人の見えないところから操るため、「陰から人を操る」という意味をもつようになった。

撮影協力は人形劇団プークとファウスト博士。

撮影に協力してくださったのは、人形劇団プークの皆さんと棒使い人形のファウスト博士。プークは1929年に創立した歴史ある人形劇団で、新宿には人形劇専用の立派な劇場もある。プークでは、差し金にコウモリ傘の骨を使っていた伝統人形芝居を参考に棒使い人形を始めたという。

試金石

【しきんせき】

意味　人の力量や物の価値を推し量る
基準となるもの

「この試合はワールドカップへの試金石となる」などと、新聞でもよく目にする試金石。その語感からきらびやかな石を連想するかもしれないが、実際はこのような黒い地味なものである（粘板石）。一定の修練は必要だが、ここに金属をこすりつけ、その痕から貴金属純度を測ることができるのだ。写真の試金石は、通信販売で購入したもの。税込み7350円。

試金石の産地は三重県。

熊野古道で広く知られる三重県の熊野市は、試金石のほか、硯（すずり）や碁石などに用いられる「那智黒石」の名産地として知られる。

鎬を削る

【しのぎをけずる】

意味　激しく争うこと

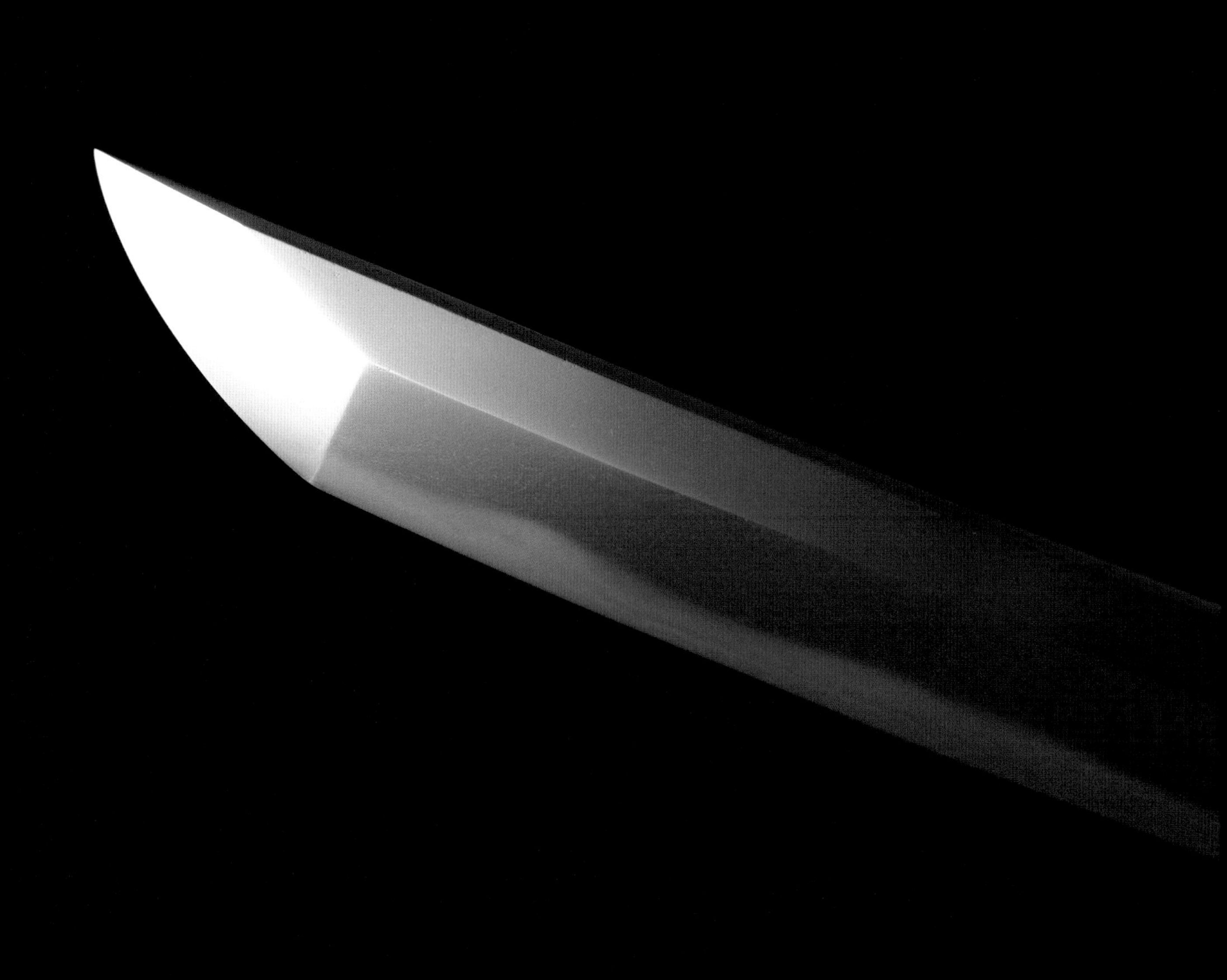

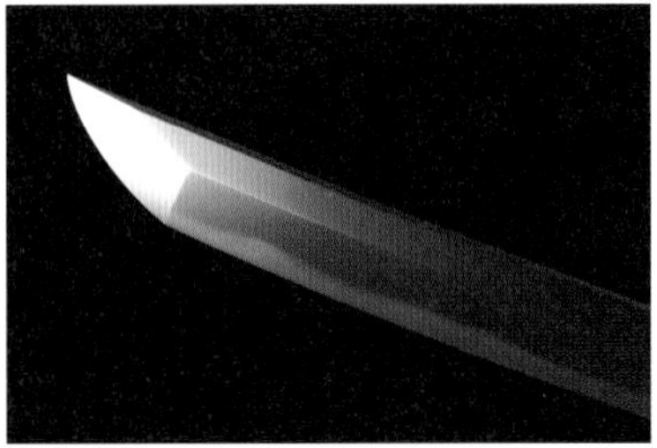

「鎬」とは、刀の側面のいちばん高くなっている稜線の部分。刀で争うとき、この鎬の部分が削れると感じるほどに互いの刀がこすれることから、激しく争うことを「鎬を削る」と表現するようになった。室町時代に成立したと考えられる『曾我物語』にも「互いに鎬を削り合ひ、時を移してたたかひけるに」という表現がある。

「鍔《つば》迫《せ》り合い」も
激しく争う。

同じ刀を由来とする言葉に「鍔迫り合い」がある。鍔とは刀身と柄との境に挟んで刀を握る手を防御するもので、争いのとき互いの刀をこの鍔で受け止めたまま押し合ったりすることから、力が拮抗している者同士が激しく争うことを「鍔迫り合い」と表現するようになった。

勝負服

【しょうぶふく】

意味　「ここぞ」という大一番で着る服

7
10
9
2
11

勝負服とは、競馬において騎手が着る服のことを指す。日本のJRA（日本中央競馬会）では、その柄や色は馬主が登録することになっており、騎手は騎乗する馬によって勝負服を着替えている。もともとは18世紀の半ば頃、競馬発祥の地のイギリスで生まれたもので、馬主が遠くからでも自分の馬が見分けられるようにと考案された。

競艇の勝負服は
枠順で決まっています。

競艇で選手が着る服も「勝負服」と呼ばれるが、この色は枠順によって決められている。つまり１枠＝白、２枠＝黒、３枠＝赤、４枠＝青、５枠＝黄、６枠＝緑となっており、馬主が勝負服の色や柄を登録している競馬とは、その色の意味が異なっている。

図星

【ずぼし】

意味　人の指摘がその通りであること

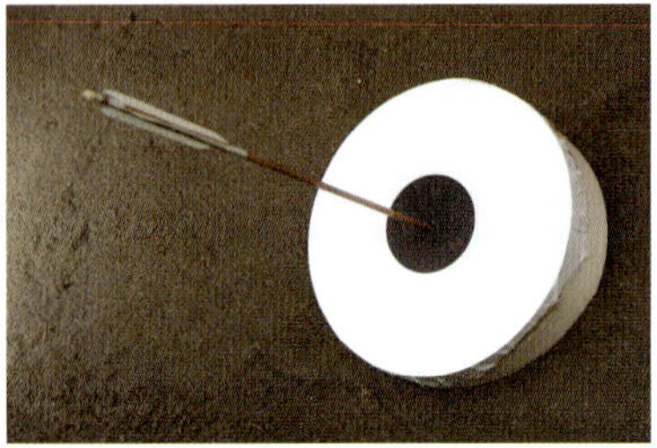

図星とは、弓の的の中心にある黒い丸のこと。弓で矢を射るときには、この黒い丸を狙うことから、他人の指摘がその通りであることを意味するようになった。物事を的確に表現することを意味する言葉に「正鵠（せいこく）を射る」があるが、この正鵠もこの図星と同じく的の中心を意味している。

「勝手口」も弓道に由来する。

図星と同じように弓道に由来を持つ言葉に「勝手口」がある。弓道において弓を支える左手を「押手」、矢を引く手を「自由に使える手」という意味から「勝手」と呼ぶ。昔、女性が自由に使えるところが台所だけであったことから、ここを「お勝手」と呼ぶようになり、台所への入口を「勝手口」と呼ぶようになった。

反りが合わない

【そりがあわない】

意味｜相性が悪いこと

「反り」とは、文字通り刀の反り具合を指しており、これが鞘（さや）と合わないと刀が収まらないことから、「反りが合わない」という言葉は相性が悪いことを意味するようになった。ちなみに鞘とは、一本いっぽんの刀に応じて作られるもので、出来合いのものはないという。なお、時代によっても作られる刀の形は変容しており、実戦が盛んだった南北朝時代には長い刀が、平穏な江戸時代には華美で技巧的なものが主として作られている。

刀のことなら
刀剣博物館。

「折り紙付き」「鎬を削る」でも撮影協力いただいたのが刀剣博物館。日本古来の文化財である日本刀の保存と公開に尽力している公益財団法人「日本美術刀剣保存協会」によって運営されている。場所などの詳細はHP（www.touken.or.jp/）で。

コラム 02

撮りたかった言葉の由来

本書では４０の言葉の由来を紹介していますが、リストアップした言葉はその倍以上ありました。紹介に至らなかったのには様々な理由があるのですが、「撮りたくても撮れなかった」というものがいくつかあります。

そのひとつが「目白押し」です。

「大人数でギュウギュウと押し合うこと」をこう表現しますが、その語源は、鳥のメジロが枝に押し合って並ぶ様にあるといいます。想像するだけでもかわいい絵面ですが、撮ることができませんでした。メジロという鳥は一般に飼うことが禁じられているため、押し合うほどの数がまとまっているところを見つけられなかったからです。

「瀬戸際」という言葉も、撮れませんでした。勝敗や生死の境を意味する瀬戸際は、辞書によれば「瀬戸と海の境」などと説明されています。つまり穏やかな流れの場所から広い海に至る境目を指しているのですが、「これぞ瀬戸際！」という絵を撮るには、上空からでなければ難しいかなと断念しました。

ただ、本書が完成した今でも、カメラマンの山出さんといつかは撮ろうと話しています。もし「目白押し」や「瀬戸際」が撮れる場所をご存知の方がいらっしゃれば、教えてください。

（おかべたかし）

Part.3

た行 は行 ま行 ら行

高飛車

【たかびしゃ】

意味　動作や物言いが高圧的であること。相手を頭ごなしに威圧すること

飛車

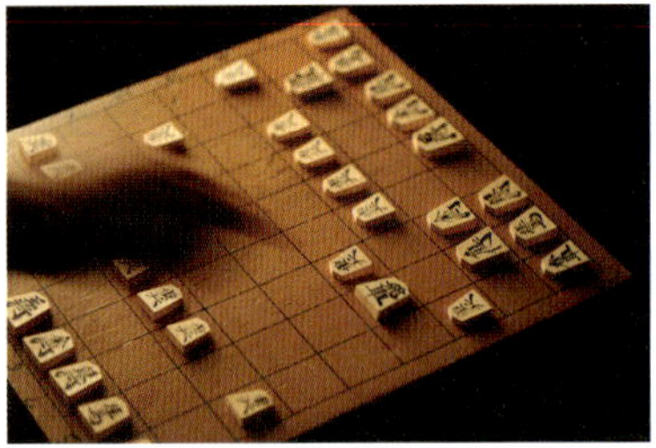

高圧的な態度をとることを意味する「高飛車」とは、将棋の用語で、文字通り飛車を高い位置に進めて敵に圧力をかける戦法のこと。「高飛車で負けを引き出す」という言葉もあるように、主にプレッシャーをかけることで相手のミスを誘う戦い方であった。

現在では「浮飛車」とも
呼ばれています。

江戸時代には「高飛車」という言葉も使われていたが、実戦での勝率がよくないこともあってあまり使われなくなった。現在の将棋界では「高飛車」という言葉はほとんど使われることがなく、飛車を前方に進めることを総称して「浮飛車」と呼ぶことが多い。写真は、双方が飛車を４段目に出している「相浮飛車」の状態である。

蓼食う虫も好き好き

【たでくうむしもすきずき】

意味　人の好みは様々であること

蓼とは、イヌタデ、ハナタデなど蓼科の植物の総称。食べると辛いが、こんな蓼を食べる虫もいることから「蓼食う虫も好き好き」といえば「人の好みは様々である」ことを意味するようになった。なお、日本では、刺身のつまや鮎を食べるときに用いられる。

築地の場内で買いました。

蓼はどこで売っているのか。八百屋などに聞いても「ありません」続きで、結局、日本最大の市場、築地のそれも主にプロが売買する場内で発見。「鮎蓼」と鮎に用途を限定する形で売られていた1箱はこれで８００円也。撮影後、これを使って鮎蓼を作ったところ、驚くほどに美味でした。

玉虫色

【たまむしいろ】

意味　どのようにも受け取れる
あいまいな表現や方法

玉虫の羽は、金属のような光沢があり光の加減で緑や紫など様々な色に見えることから、どのようにも受け取れるあいまいな表現を「玉虫色」と言うようになった。玉虫の美しさは古来より名高く、様々な装飾に用いられてきた。法隆寺に所蔵されている飛鳥時代（6世紀末から7世紀前半）の工芸品「玉虫厨子（たまむしのずし）」も、玉虫の羽が装飾に使われていることから、こう名付けられている。

玉虫の幼虫は、
白くてもぞもぞしている。

成虫のきらびやかさからは想像できないが、これが玉虫の幼虫。卵は3〜4週間後に孵化し幼虫になり、成虫になるのは3〜5年後。成虫の寿命は7〜8週間だという。撮影協力は、静岡県藤枝市にある玉虫研究所。

天王山

【てんのうざん】

意味　勝敗を左右する分岐点のこと。
またそのような戦い

山崎

目でみることば　その27

天王山とは、京都府の南部、大山崎町にある標高270mの山のこと。戦国時代、織田信長を討った明智光秀と羽柴秀吉が対峙した際、この丘ほどの山の争奪がその戦いの命運を分けたことから、勝敗を決する分岐点を指す言葉となった。

ウイスキーの
試飲を兼ねてどうぞ。

この天王山の麓には、サントリーウイスキー「山崎」の蒸留所がある。この地の湿気の多い気候がウイスキー作りに適しているため、ここに蒸留所を開いたという。天王山見物には、こちらの蒸留所でのウイスキーの試飲を兼ねてどうぞ。

薹が立つ

【とうがたつ】

意味　物事の盛りや年頃の年齢が過ぎること

「薹」とは、野菜などの花茎や花軸のこと。この花茎が伸びると野菜が固くなり食用に適さなくなることから、「薹が立つ」とは盛りが過ぎたことを意味するようになった。ただ、固くて食べられなくなっても、見た目は雄々しくかっこいい。写真はフキノトウ。

ネギ坊主も「薹が立つ」。

ネギの薹が立つと、先端部に坊主頭のようなものができる。これが通称「ネギ坊主」で、こうなるとネギは固くなりもう食べられない。

灯台下暗し

【とうだいもとくらし】

意味　身近な事情ほどかえって疎いものであること

「灯台下暗し」の灯台とは、室内照明器具のこと。実際に撮影してみると、ロウソクを乗せる皿の部分が陰を作り、ちゃんと「下」が暗くなった。電気が普及するまでは、どの家庭にもあったが、地震の際など火災の原因になることから、今ではほとんど見られなくなっている。

海にある「灯台」ではありません。

「灯台下暗し」の灯台は、海で船舶の目印になるものと勘違いされがちであるが、これは間違い。写真は、1874年に点灯した御前崎灯台。日本にある洋式灯台はすべて明治以降のものである。

とどのつまり

【とどのつまり】

意味　いきつくところ。結局

出世魚の「ボラ」は、オボコ→スバシリ→イナ→ボラなどと、成長するにつれてその名を変え、最後には「トド」となる。それゆえ「とどのつまり」で「結局」「いきつくところ」という意味を持つようになった。ボラは、川や沿岸などで身近なところを泳ぐため昔から馴染み深い魚であり、あまり珍重されることもなかったため、「最終的には平凡な結果、または思わしくない結果に終わった場合」など、あまり良い意味で用いられる言葉ではない。

「いなせ」は
ボラの幼魚が語源です。

粋でさっぱりした男、気風のいい若者を指す言葉「いなせ」。これはボラの幼魚「イナ」が語源で、江戸日本橋の粋な若者たちが、その髪を鯔背銀杏（いなせいちょう）という形に結っていたことに由来する。写真は東京・葛西臨海水族園にいたイナ。たしかに成長したボラよりもイナのほうが粋に見える。

どんぐりの背くらべ

【どんぐりのせいくらべ】

意味　似たり寄ったりで差がないこと

似たり寄ったりで差がないことを意味する「どんぐりの背くらべ」。実際に背くらべをしたところ、たしかにどれも似たような高さだったが、その表情や雰囲気には、どことなく個性が漂っていた。

種類が異なれば、
背も異なる。

ブナ科の果実（堅果）のうち、クヌギ、ナラ、カシなどのものを特にどんぐりといい、日本には20種類ほどあるという。公園で探してみると、いくつか異なる種類が見つかったので記念撮影してみた。やはり種類が異なれば、背も異なるのだ。

拍車を掛ける

【はくしゃをかける】

意味　物事の進行を早めること

「拍車」とは、乗馬靴のかかとにとりつける器具のことで、これを馬の腹に当てて指示を出す。拍車を当てると、馬が速く走り出す様が印象的なことから、物事の進行を早める意味で用いられるようになった。

拍車は
脇腹に当てる。

ご覧のように馬の脇腹に当てて使う拍車は着脱可能で、いろんな種類がある。西部劇では、カウボーイが随分とトゲトゲしい拍車を付けているが、あれで蹴られたらきっと痛いことだろう。

羽目を外す

【はめをはずす】

意味　調子に乗って度を超すこと

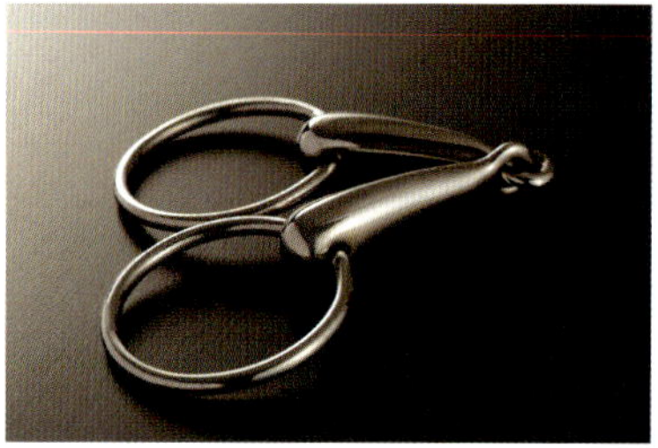

羽目とは、「馬銜」（はみ）という馬の口にくわえさせる馬具を指す言葉が転じたものと考えられている。その馬銜とは、写真のような金属製であり、輪の部分に手綱を通して馬を操る。この馬銜を外すと馬を制御できなくなることから、興に乗って度を超すという意味になった。

早く外してください。

馬衘の存在を知って馬を凝視してみると、なんだかちょっと窮屈そう。馬も「早く馬衘を外したい」と思っているように思えてきました。

贔屓

【ひいき】

意味　特定の人やものをとりわけ
可愛がったり引き立てること

贔屓とは、このような亀に似た中国の伝説の生き物のこと。重いものを背負うことが好きとされ、昔から石柱や墓石を背負う形で造られてきた。「贔屓しすぎて、その人を不利にする」という意味をもつ「贔屓の引き倒し」という諺は、この亀を引っ張りすぎると、上に乗っている石柱が倒れることに由来している。

大久保利通の墓にもなっています。

東京・青山霊園にある大久保利通の墓石も贔屓とともに造形されている。桜が美しい青山霊園には、花見シーズンに出掛けるのがおすすめです。

引っ張りだこ

【ひっぱりだこ】

意味　人気があり方々から
引き合いがあること

人気があって方々から引き合いがあることを「引っ張りだこ」と言うが、これはタコを日に干している形に由来している。なお古来では、刑罰である磔（はりつけ）の異称でもあったという。

名産地は
愛知県の日間賀《ひまか》島。

タコの干物の名産地として名高いのが、愛知県にある日間賀島。島の人は、お正月に干物を玄関に飾るほど、タコが生活に密着しており、島内唯一の交番もタコの形をしている。自転車なら20分で1周できてしまう小さな島は、人も温かなのどかなところでした。

火ぶたを切る

【ひぶたをきる】

意味　戦いが始まること

火ぶたとは、火縄銃における火薬を盛る火皿のふたのこと。このふたを切る（＝開ける）ことが、発砲に際して最初に行なうことであるため、戦いを始めることを意味するようになった。物事に着手するという意味ももつ。

「口火を切る」も
火縄銃が語源です。

きっかけを作るという意味を持つ「口火を切る」も火縄銃に由来する言葉。口火とは火縄銃を点火するときに使う火のことである。

分水嶺

【ぶんすいれい】

意味　物事の方向性が決まる分かれ目

日本海　太平洋

物事の方向性が決まる大きな分かれ目を意味する「分水嶺」とは、もともと雨水が異なる水系に分かれるポイントを指す言葉。ご覧の写真は、岐阜県郡上（ぐじょう）市にある「分水嶺公園」の分水嶺。山から流れてきた水は、ここで庄川を経て日本海に注ぐものと、長良川を経て太平洋に注ぐものに分かれる。

分水嶺の隣りに
泊まれます。

「岐阜県郡上市高鷲町ひるがの」にある分水嶺は、公園として整備された国内でも珍しいもの。公園の隣りには「B&B分水嶺」という宿泊施設があり宿泊可能。美味しいソフトクリームもいただけます。

洞ヶ峠

【ほらがとうげ】

意味　有利な方に味方しようと形勢を見守ること

50
はな・はな屋
花

洞ヶ峠とは、京都府の八幡市と大阪府の枚方市のちょうど間にある峠のこと。1582年、織田信長の死後、羽柴秀吉と明智光秀が争っていたとき、筒井順慶がこの峠に陣取って形勢を見守っていたという話が広まり、有利な方に味方しようと形勢を見守る（日和見［ひよりみ］する）ことを「洞ヶ峠」、あるいは「洞ヶ峠を決め込む」と言うようになった。ただ、実際には、そのような話はなかったとされている。

茶屋があります。

洞ヶ峠は、峠といってもちょっとした坂のようなところで、当地を走る国道１号線からもなかなか気づきにくい。ただ、峠の頂上部（といっても小さな丘程度ですが）に目印となる茶屋があり、ここに洞ヶ峠を解説した立て札も立っている。

もぬけの殻

【もぬけのから】

意味　人が抜け出た後の家や寝床。
魂が抜け出た後の体

「もぬけ」とは、脱皮すること、または蝉やヘビの抜け殻のこと。これが転じて、人が抜け出た後の家を意味するようになった。刑事ドラマなどで犯人の隠れ家を突き止めるも、そこには誰もいなかったときにもっともよく使われるだろうか。ただ、その実物を見ると、家よりも「魂が抜け出た後の体」という意味のほうが、より実態に近いように思える。

油で揚げる音に似ているから
アブラゼミ？

「もぬけの殻」をもっとも目にする機会が多いのが、アブラゼミのそれだろうか。このアブラゼミという名前は、その「ジージー」という鳴き声が、油で揚げているときの音に似ているからという説がある。アブラゼミの鳴き声を聞く機会があれば、天ぷらでも想像してみると面白いかもしれない。

埒が明かない

【らちがあかない】

意味　物事が順調に進展しないこと

埒とは、馬場の周りにめぐらした柵のこと。この柵によって馬の動きが止められているので、物事が進まないという意味になった。この埒がない状態を示す「不埒（ふらち）」という言葉は、まさに馬を囲う柵がない状態を示しており「道理に外れている」という意味で用いられる。

馬場にあるのは「馬場埒」。

東京の世田谷区にある馬事公苑に埒を見学に行ったところ、馬場には小さな埒もあった。「あれも埒ですか？」と尋ねると「そうです、馬場埒」とのお答え。埒にもいろいろあるのです。

おわりに

文・おかべたかし

「ルビコン川を渡る」という言葉があります。これは「重大な決断の末の行動」を例える言葉で、イタリアにあるルビコン川の前で、カエサルが重大な決断をしたことに由来しています。この川の写真も紹介したいと思いましたが、イタリアまで行くことが叶わなかったので、今回は紹介を見送りました。便利な世の中なので、写真専門の会社などに行けば、この川の写真を借りることもできたでしょう。でも、そうはしたくなかった。全部、現地に行って私たちが見て、撮ったものだけを紹介したかった。そんなことにこだわり企画立案から５年ほどかけて作ったのが、この本です。

きれいな写真で紹介したいというのもこだわりでした。そのためカメラマンの山出高士さんには、企画が通る前段階からいっしょに歩み始めてもらい大変感謝をしています。

あと企画が成立する前段階からいつも力を貸してくれるデザイナーの佐藤美幸さんにも大いなる感謝を。そしてこの企画に賛同くださり、たくさん的確なアドバイスをくださった東京書籍の藤田六郎さんにも同じく感謝を。撮影では、いろんな方にご協力いただきました。ありがとうございました。おかげさまでいい本になりました。多方面に感謝を込めて。

おわりに

写真・山出高士

この本の写真を撮っているとき、僕はたいてい笑っていました。なぜって「語源」探しは「宝」探しそのもので、シャッターを押す瞬間は宝を発見した幸せな時間だったからです。狭いスタジオの中に出来た「灯台〝下暗し〟」に驚喜し、雉が茂みに頭を突っ込んだ瞬間には心の中で拳を握り、独活が早く大木にならないかと晩夏を待ったのでした。「引っ張りだこ」では、一点の写真を撮るためだけに東京から愛知県の日間賀島に出掛けました。現地に着くと地元の方に「まだ時期が早い」と言われるもガッタガタのレンタサイクルで島中を走り周り、強風に揺れる「引っ張りだこ」を見つけた時には、嬉しくて高笑いをしてしまいました。聞けば「引っ張りだこ」は、西風が吹き出す頃が干し時だそうで、たまたま我々が自転車をこいでいた時に、この西風と遭遇したため拝むことができたという、何とも縁起の良い写真となりました。そんな笑いながら撮った「語源＝お宝」写真の数々を楽しんでもらえたらと願っています。

最後にこの企画の発案者で幾多のカメラマンの中から僕を選んでくれた岡部敬史さん、写真が仕上がるのを辛抱強く待っていただいた東京書籍の藤田六郎さん、楽しく仕事をさせていただきありがとうございました。

撮影協力　＊敬称略

飯島正大
井の頭自然文化園
おかべかなこ
おかべともや
皆中稲荷神社
葛西臨海水族園
カネヒコ水産
新宿歴史博物館
玉虫研究所
東京都恩賜上野動物園
東京武道館
刀剣博物館
人形劇団プーク
馬事公苑
博石館
ほそのこうたろう
山下農園
やまでりくお

主要参考文献

『広辞苑（第四版）』
（新村出・編／岩波書店）

『語源海』
（杉本つとむ・著／東京書籍）

『地団駄は島根で踏め』
（わぐりたかし・著／光文社新書）

『知ってるようで知らない語源クイズ』
（日本雑学能力協会・編著／新講社ワイド新書）

『将棋金言集』
（天狗太郎・著／時事通信社）

『新版 思わず人に話したくなる 続・日本語知識辞典』
（学研辞典編集部・編／学習研究社）

『新版〈目からウロコ〉の日本語「語源」辞典』
（学研辞典編集部・編／学習研究社）

『マンガなるほど語源物語』
（大蔵省印刷局・編、石井正己・監修／大蔵省印刷局）

『身近なことばの語源辞典』
（西谷裕子・著、米川明彦・監修／小学館）

著者プロフィール

おかべたかし

（岡部敬史）

1972年京都府生まれ。早稲田大学第一文学部卒。出版社勤務後、編集者、ライター、脚本家。著書に『赤ちゃんを爆笑させる方法』（学習研究社）、『ブログ進化論』（講談社）、『Web2.0殺人事件』（イースト・プレス）など、漫画脚本作品に『ヒーローマスク』（小学館クリエイティブ）がある。個人ブログ「岡部敬史の編集記」。言葉の謎や魅力を解き明かす創作活動（「ことば探検プロジェクト」）を鋭意展開中。

山出高士

（やまでたかし）

1970年三重県生まれ。梅田雅揚氏に師事後、1995年よりフリーランスカメラマン。『散歩の達人』（交通新聞社）、『DIME』（小学館）などの雑誌媒体のほか、「丸の内朝大学」や「川崎大師」のポスターも手がける。2007年より小さなスタジオ「ガマスタ」を構え活動中。

目《め》でみることば

2013年 2 月14日　第 1 刷発行
2020年10月20日　第 8 刷発行

おかべたかし・文

山《やま》出《で》高《たか》士《し》・写真

発行者　千石雅仁
発行所　東京書籍株式会社
〒114-8524 東京都北区堀船 2-17-1
03-5390-7531（営業）
03-5390-7500（編集）

デザイン　佐藤美幸（keekuu design labo）
編集協力　（有）SPOON BOOKS

印刷・製本　株式会社リーブルテック

ISBN978-4-487-80787-1 C0081

出版情報　https://www.tokyo-shoseki.co.jp
乱丁・落丁の場合はお取り替えいたします。